QUATRE JOURS
DE BONHEUR,

OU

Récit de ce qui s'est passé à Dijon, pendant le séjour de Son Altesse Royale Monsieur, Comte d'Artois, et de Son Altesse Sérénissime Monseigneur le Duc d'Orléans, dans cette ville.

DÉDIÉ A LA GARDE D'HONNEUR DIJONNAISE,

PAR CLAUDE-ANTOINE CHAMBELLAND.

A DIJON, AU CABINET ROYAL,

Chez Tussat, Libraire de S. A. S. Monseigneur le Prince de Condé, Place Vauban.

ET A PARIS,

Chez les Marchands de nouveautés.

1814.

QUATRE JOURS

DE BONHEUR, *

OU

Récit de ce qui s'est passé à Dijon, pendant le séjour de S. A. R. Monsieur, Comte d'Artois.

> *J'ai vu, j'ai senti, je raconte,*
> *je verse tout le plaisir dont mon cœur est*
> *comblé.*
>
> VAUVERNAGUES.

LE spectacle le plus intéressant pour l'observateur, c'est l'arrivée d'un prince au milieu de ses peuples avides de jouir de la pompe, compagne ordinaire des entrées publiques, et curieux de contempler les traits du maître qui tient leur destinée dans ses mains, ou ceux de l'auguste personnage, appelé par la naissance à donner un jour des lois à la patrie.

C'est ici que se distinguent facilement ces nuances que la flatterie affecte de confondre, quand elle écrit sous les ordres d'un gouvernement qui ne repose point sur des bases solides, ni sur de légitimes institutions,

---

* Cette narration auroit paru immédiatement après le départ de LEURS ALTESSES ; mais la nouvelle qui nous étoit parvenue qu'on verroit bientôt dans nos murs, un autre Prince chéri des Bourguignons, m'avoit déterminé à suspendre l'impression de cet opuscule, afin d'y joindre la description des fêtes nouvelles, que cette visite si désirée par tous les habitans de notre ville devoit y faire naître encore ; cette espérance étant évanouie, je me hâte de rendre compte des événemens qui ont signalé les journées des 12, 13, 14 et 15 septembre 1814.

et dont l'aveugle orgueil prend les adulations arrachées par la crainte, pour des marques de fidélité; l'empressement d'un peuple attiré par l'appareil de la représentation, pour un signe d'amour; les cris intéressés de quelques sang-sues de l'état, pour l'élan de la joie; et le morne silence de la population réunie, pour l'effet d'une sage retenue, ou d'un saint respect, inspiré par l'éclat de la Majesté suprême.

C'est ici que les mouvemens du cœur ne se commandent point, que la sincère amitié se montre avec une expansion inimitable, que l'opinion générale, que la reconnoissance universelle, que l'espoir du bonheur futur, que l'ivresse du moment, que la jouissance qu'on se promet pendant des jours délicieux, que l'oubli de cruels malheurs se manifestent par une explosion que toute l'adresse des agens de la tyrannie, tout l'or qu'ils prodiguent dans ces sortes de circonstances, toutes les menaces qu'ils sèment sourdement, toutes les espérances qu'ils font briller aux yeux de l'ambition, ne feront point naître, si un enthousiasme réel n'électrise pas les ames, si un feu sacré n'embrase point tous les spectateurs.

Les véritables hommages du peuple portent un caractère qu'il est impossible de feindre. Des fils qui retrouvent et qui saluent leur père, s'expriment autrement que des hommes gagés pour féliciter un usurpateur; leurs yeux, leurs gestes, leurs voix, témoignent une satisfaction, dont les esclaves d'un despote s'efforceroient en vain de prendre le masque.

Les acclamations que le peuple de Londres fit entendre à l'arrivée de Charles II, ne ressembloient pas aux cris poussés par la fureur, ou la bassesse, lors de l'élévation de Cromwel; l'allégresse des Parisiens, à l'entrée d'Henri IV dans sa bonne ville, délivrée de la misère, les signes non équivoques de leur affection, différoient beaucoup des protestations mensongères de la tourbe criminelle qui entouroit le char de Mayenne.

J'ai vu, j'ai senti cette heureuse opposition, j'ai entendu cette leçon des Rois, je *raconte* ce que j'ai éprouvé, je peins les tressaillemens de mon cœur, *je verse tout le plaisir dont quatre jours mémorables l'ont comblé*, à l'aspect des démonstrations du zèle et de l'attachement d'une grande famille, qui revoit enfin des chefs qu'elle croyoit à jamais perdus pour elle.

Le FRÈRE de Louis XVIII! le FRÈRE de Louis XVI, le PRINCE qui le premier s'est confié à la main de la Providence, qui le premier est revenu dans le patrimoine de ses ancêtres, qui le premier s'est montré à la capitale privée depuis vingt-cinq ans de la présence des BOURBONS, a fait connoître son intention de traverser notre province.

A cette nouvelle, notre ville a pris un mouvement, s'est couverte d'une splendeur, qu'elle n'avoit plus présenté depuis l'époque si regrettable, où un autre prince de cette maison protectrice, étoit venu, selon sa coutume, la vivifier par le séjour trop peu prolongé d'une cour assez nombreuse, et par ses dons généreux et multipliés.

Toutes les vues, toutes les volontés ont été dirigées vers un seul but : les apprêts d'une réception digne du FILS DE SAINT LOUIS, chassé par la tempête, sauvé par la Puissance divine, rendu aux Français victimes des systêmes les plus extravagans, et déchargés du fardeau le plus insupportable, par les soins d'un maître qu'ils avoient méconnu.

Qu'inventer pour plaire au FRÈRE BIEN-AIMÉ DE NOTRE MONARQUE ? que lui offrir ? une joie pure, des fleurs, des guirlandes de chêne, symbole des vertus civiques régénérées, de simples tapis dont la blancheur annonce la pureté des sentimens qui animent tous les habitans de la Bourgogne, et sur-tout ces armoiries qui n'avoient jamais été effacées de notre souvenir, ces lys, sous l'empire desquels la France a conquis la triple gloire des armes, des arts et de la civilisation.

Point de faste éblouissant, point de richesses ! D'ARTOIS repousseroit des prodigalités qui arracheroient le nécessaire à ses enfans. Elle reviendra, cette opulence publique qu'une longue agitation nous a fait perdre ; l'infortune a cessé ses persécutions ; l'abondance naîtra à côté de l'industrie ; l'or que nous avons dispersé dans l'Europe effrayée, reparoîtra dans la France paisible, et le premier usage que nous ferons de notre nouvelle aisance, sera d'étaler au jour une magnificence respectueuse aux regards de nos Princes, des réparateurs de nos maux, des restaurateurs de tous ces biens qui ont failli nous échapper pour des siècles peut-être ; mais aujourd'hui contentons - nous d'une noble simplicité ; c'est la fête du cœur, une autrefois nous y joindrons celle de la somptuosité.

Pendant une semaine entière, les travaux habituels ont paru suspendus. La dépouille des forêts donnoit à Dijon un air agreste, qui contrastoit pittoresquement avec le tribut que l'architecture et la sculpture se préparoient à payer à la félicité générale. On ne voyoit par-tout que tresser le lierre, le chêne et le buis; dans chaque famille on imaginoit quelque emblême ingénieux, quelque devise agréable, quelque décoration élégante ; c'étoit à qui trouveroit le plus heureux moyen, la plus énergique expression, pour faire étinceler son amour ; et cette noble rivalité se remarquoit dans toutes les classes, dans tous les états ; le riche, le pauvre, le noble, l'artisan concouroient à l'embellissement de cette ville ; tous ils vouloient convaincre le PRINCE qu'en aucune autre cité de la France il ne pourroit rencontrer ni plus de gratitude, ni plus d'ivresse (1).

Mais il étoit un honneur que les Dijonnais devoient briguer, celui de garder la personne de l'AUGUSTE FRÈRE DE NOTRE ROI. Ils l'ont obtenu.

L'élite des citoyens s'est empressée de former cette garde, si bien organisée ; des cavaliers, des grenadiers, des chasseurs, ont été équippés, exercés et capables de soutenir les regards de S. A. ROYALE. La magique rapidité avec laquelle ces troupes bourgeoises se sont mises en état de paroître avantageusement, prouve ce

---

(1) Trois généreux citoyens ont consenti à faire de leur bourse, les avances nécessaires pour fournir aux dépenses de la ville. Leurs noms méritent d'être consignés dans cette relation ; ce sont MM. de Loisy, de Monceau et d'Agrain. C'est à ces Messieurs que l'on doit l'éclat, l'élégance et l'ordre qu'on a admirés dans tout ce qui s'est fait. Ils ont été secondés utilement par M. le Maire et ses adjoints.

que peut le désir honorable de servir son PRINCE (1).

Quand je dis l'élite des citoyens, que l'on ne croie pas que le rang, la naissance ou la fortune, aient fait seuls des titres d'admission dans ces trois compagnies; tous les hommes honnêtes y ont été reçus sans distinction; une taille avantageuse et la bonne volonté suffisoient pour y donner entrée. Les Français sont tous sur la même ligne, lorsqu'il s'agit de prouver qu'ils adorent les BOURBONS, et qu'ils sont prêts à verser leur sang pour les défendre.

Tandis que les plus beaux hommes de la ville s'efforçoient de composer une brillante et majestueuse escorte, les artistes mettoient en œuvre leurs talens, déployoient leur activité pour procurer à la fête le charme et la solennité qu'elle exigeoit; un char antique traîné par trois chevaux obéissant au génie de la paix, sortoit, comme par enchantement, des mains d'un statuaire, et surmontoit la porte CONDÉ, transformée en arc de triomphe. Des colonnes ajoutées à cet édifice en doubloient la masse imposante, et une légende où la ville de Dijon annonce qu'elle le consacre à CHARLES-PHILIPPE, indiquoit sa destination.

Une pyramide, d'une coupe légère et gracieuse, s'é-

----

(1) M. le marquis d'Andelarre, ancien colonel de cavalerie, et officier d'un rare mérite, a été chargé du commandement en chef de la compagnie à cheval. M. Louis Morelet, chevalier de Saint-Louis, émigré, porteur des brevets les plus honorables, étoit son lieutenant. M. le marquis d'Andelarre est le beau-frère de madame la marquise de Rancy, de cette dame courageuse, qui la première prépara des cocardes blanches, et broda de ses mains un drapeau, destiné aux *gardes d'Artois*, à une époque où la politique nous environnoit encore de nuages épais et mystérieux. Hélas! pourquoi un événement funeste est-il venu la désoler au milieu des jouissances que lui préparoit le retour d'un ordre que ses vœux appeloient depuis long-temps.

M. de Montherot, chevalier de Saint-Louis, colonel de la garde nationale, étoit à la tête des compagnies d'infanterie. La fermeté, la prudence que cet ancien officier a montrées dans des temps difficiles, ont épargné à la ville de grandes calamités.

M. Joliet, brave et estimable militaire, colonel de cavalerie en retraite, chevalier de la Légion d'honneur, décoré du lis, commandoit en second.

levoit au mili de la Place royale, au lieu où se voyoit jadis la statue équestre de Louis-le-Grand, et le peuple qui dans un moment d'erreur, avoit pu applaudir à la chûte de ce monument superbe, devoit se réjouir sur cette place même, du retour à la tranquillité et aux vertus sociales, sous les lois des descendans de l'illustre Monarque : juste et instructive expiation d'une faute dont les amis de l'ordre et des arts ont constamment gémi.

A l'autre extrémité de la ville, à la porte Bourbon, un second arc dédié spécialement à la paix et au Prince, se construisoit hâtivement sur le plan le plus noble, et unissoit aux formes grecques des ornemens et une inscription, qui caractérisoient les sentimens des Bourguignons en général, et de notre ville en particulier.

Chaque maison uniformément drapée avec les plus beaux tissus de lin, et chargée de festons ; une longue rue fraîchement sablée, traversée par des guirlandes suspendues à une même hauteur, et terminées par des lustres de verdure ; des drapeaux attachés à toutes les fenêtres, diaprés de fleurs de lys d'or, et portant ce cri des Français : *Vive le Roi!* formoient un gracieux composé que le pinceau même auroit peine à rendre.

Le palais de Monsieur, meublé avec une recherche digne de l'Hôte qu'il alloit recevoir, fixoit les regards au milieu de ces différens préparatifs.

La peinture unissoit ses efforts à ceux des autres arts; des figures allégoriques, parfaitement exécutées, enrichissoient les vastes monumens nouvellement construits sur la place et aux portes de la ville, et les maisons des particuliers nous faisoient voir des tableaux où chaque passant retrouvoit ses plus chères pensées rendues avec une satisfaisante vérité.

La présence prochaine de Monsieur pouvoit-elle être annoncée, sans que la multitude accourût pour en jouir? De tous les points de la Bourgogne et des provinces voisines, une immense quantité d'étrangers s'étoit rendue dans nos murs, et ajoutoit, par une circulation continuelle, par les émotions de la surprise, par les gestes du contentement, à tout ce que cette circonstance extraordinaire présentoit de beau et de triomphal.

L'attente universelle fut trompée dans la journée du

dimanche ; mais on apprit que le lendemain tous les vœux seroient remplis, et l'on employa ce temps à augmenter encore les embellissemens des quartiers les plus populeux de la ville.

Enfin, il se leva ce soleil qui devoit éclairer la réception d'un père par ses enfans. Ha ! loin de moi l'idée d'emprunter des images à la fiction ! ici il ne faut qu'avoir vu et se souvenir. Je le demande à tout homme capable de se rendre compte des sensations qu'il éprouve ; les dispositions de son ame ne le portent-elles pas quelquefois à croire que le flambeau de la nature se plaît à briller d'un éclat plus vif, et semble prendre part au bonheur des mortels. Je ne sais si je me trompe, mais le 12 septembre, cet astre bienfaisant paroissoit verser sur notre contrée des torrens de lumière et plus pure et plus éclatante.

Qu'il sera long-temps présent à notre mémoire, ce jour si fortuné, mais trop fugitif ! les cloches annoncent aux chrétiens que les Ministres du ciel prient pour l'illustre voyageur, et se réjouissent devant le ROI DES ROIS du retour des Bourbons au milieu de leurs sujets ; c'est le signal du délire public. Les rues se remplissent d'une foule innombrable ; les fenêtres se garnissent de femmes plus séduisantes encore par les transports de la joie que par leurs attraits ; une double haie de soldats, destinés à protéger le cortège, se forme du palais à l'arc de Charles-Philippe, et le canon se fait entendre. Ha ! cette fois il ne cause point d'allarmes ; les cris que le peuple pousse sans cesse, frapperont le ciel de saintes bénédictions, et si l'on répand des pleurs, elles seront de tendresse et d'amour.

Il n'est donc point de félicité sans amertume ! on tremble pour Monsieur, on apprend qu'il est malade, sa garde fidelle veut voler près de lui, mais cette crainte est heureusement dissipée, et ne rend que plus délicieux le plaisir de le posséder bientôt. Il paroît : *Vive le Roi! vive Monsieur!* ces mots sortent de plus de vingt mille bouches, et se répètent constamment. Ha ! non, non, la plume est impuissante pour retracer ce spectacle enchanteur. Un peuple entier n'avoit plus qu'une seule pensée ; voir le Prince, l'admirer, qu'on me pardonne l'expression, l'adorer, c'étoit le but général. « Le

« voilà ! Le voilà ! disoit-on de toutes parts ; enfin nous
« retrouvons un BOURBON ! oui , c'est le fils de HENRI
« QUATRE. Voilà ses yeux, il sourit, il nous aime.
« *Vive le Roi ! vive Monsieur* , et encore : *vive le*
« *Roi , vive Monsieur !* »

Mais c'est trop peu de ne l'avoir qu'entrevu ; sa voi-
ture, quoique marchant avec lenteur, n'a pas laissé à
la curiosité générale les moyens de se satisfaire ; le
PRINCE le sait et s'empresse de se placer sur un balcon : quelle grâce ! quelle franchise ! quelle bonté !
quelle reconnoissance ! il met la main sur son cœur ! Français, le cœur d'un BOURBON est le sanctuaire des vertus.

MONSIEUR consent à se rendre vingt fois aux desirs
de la multitude, et vingt fois il est témoin de l'ivresse
des Dijonnais.

J'étois placé à côté d'un vieillard , les larmes inon-
doient ses joues ; sa voix presque éteinte se ranimoit
de temps en temps pour saluer le FRÈRE DE SON ROI ;
il tenoit un jeune enfant par la main ; l'innocente créa-
ture balbutioit le nom de BOURBON. Ainsi, me disois-je,
LE FILS DE SAINT LOUIS reçoit dans ce moment l'hommage le plus flatteur. Penché sur le bord de la tombe,
ce vétéran respectable regrette de ne pouvoir jouir
désormais d'un bonheur qu'il a connu jadis et qu'il
recouvre aujourd'hui ; et cet enfant, qui vient de
naître , sourit à un avenir plus doux que les années
qui ont consumé dans le chagrin la moitié de l'existence de son père. Dans le même instant, des femmes,
dont l'état d'exaltation ne peut se dépeindre, agitoient
leurs mouchoirs blancs et poussoient le noble cri. Tous
les sexes , tous les âges concouroient donc au charme
de la journée.

Un feu d'artifice tiré devant les fenêtres de S. A. R. ,
et qu'elle a bien voulu allumer de sa main, aux acclamations réitérées d'un public qui ne se lassoit point de
voir l'image vivante du BON HENRI , a encore donné
lieu aux Bourguignons de manifester leurs sentimens.
Chaque effet de lumière qui permettoit de distinguer
les traits de l'aimable PRINCE, excitoit les transports
de la joie ; on ne s'occupoit point du spectacle mer-
veilleux que présentoit le soufre embrasé ; on ne cher-
choit qu'à fixer des regards avides sur l'objet principal

de la fête. Tout-à-coup un transparent se développe, on y lit ces mots : *Vive Monsieur !* Qu'on juge de l'effet qu'a dû produire cette apparition : enfin, l'illumination de la ville entière succède à ce divertissement. Nous avons vu, dans ces derniers temps, de ces sortes de réjouissances commandées par l'autorité , il n'y avoit de flambeaux, pour me servir de l'expression d'un grand poëte (1), que ce qu'il en falloit justement pour faire mieux apercevoir l'obscurité de la nuit, et l'on ne rencontroit que le nombre de spectateurs nécessaire pour prouver la froideur et le dégoût général.

Mais ici, quelle apparente conflagration universelle ! Dijon étoit en feu ; pas une porte , pas une fenêtre qui ne fût illuminée. Que de formes diverses ! que de tableaux ! que d'épigraphes tirées des poëtes ou des livres saints ! Là , on voyoit la colombe tenant l'olive en son bec ; ici, la France tendoit les bras au vaisseau qui portoit Louis XVIII, la paix et le bonheur ; dans mille endroits les portraits de ce bon Roi , ou celui de Monsieur ; et par-tout les souhaits les plus ardens pour la prolongation de leurs précieux jours. Quel contentement sur toutes les figures ! quelle espérance dans tous les cœurs ! La foule infatigable sembloit avoir perdu l'habitude du sommeil ; plusieurs personnes se sont trouvées debout, quand le soleil est venu de nouveau prêter ses rayons à des scènes non moins attendrissantes.

Nos Rois, nos Princes ne furent jamais ingrats envers la Providence ; ils se sont toujours placés sous l'égide d'un Dieu protecteur du juste. Les premiers momens de S. A. R. , après avoir goûté le repos d'une nuit, qui a dû lui paroître bien douce, ont été consacrés à recevoir les hommages des ministres des autels ; un prêtre éloquent lui a peint l'alégresse de l'église de France, et Monsieur s'est hâté de se rendre au temple du TRÈS-HAUT, pour le remercier de ses grâces inattendues, et pour assister au divin sacrifice.

Qu'il est beau de voir celui qui est destiné à gouverner vingt-cinq millions d'hommes, celui dont la

(1) Le Dante.

simple volonté est une loi suprême, venir s'humilier devant le Maître des Rois, reconnoître qu'il existe au-dessus de lui une puissance qui place dans une même balance les torts des souverains et ceux des peuples, et montrer de la crainte pour les arrêts de l'Être Suprême! L'athéisme sur le trône traîne toutes les calamités à sa suite. Le respect pour la religion conserve l'ordre, auteur de tous les biens.

Une noble cérémonie devoit procurer un nouvel intérêt à cette démarche de la piété de Son Altesse Royale : la bénédiction du drapeau d'un régiment qui s'est souvent couvert de gloire. Donner pour guide à nos soldats la couleur antique et révérée par nos preux chevaliers, c'est leur fournir l'occasion de déployer avec plus d'énergie cette bravoure qui les distingue éminemment.

Quelle est belle cette alliance qui se forme sous les arceaux sacrés, entre un Prince et ses troupes, entre les guerriers et les citoyens, entre eux tous et le Dieu des batailles et de la paix !

Cent mains se levant vers le ciel, cent épées étincelantes brandies dans les airs, et ensuite appuyées sur le drapeau, sur le nouvel oriflamme, cent voix prononçant le serment de la fidélité, l'orateur sacré rappelant aux troupes, au peuple, au Prince les devoirs qui sont imposés à chacun d'eux ; soudain le son grave et majestueux de l'orgue se joignant au bruit aigu des clairons qui frappe la voûte du temple, les battemens répétés des tambours, les détonations du salpêtre, les acclamations de la multitude, que le respect dû au saint lieu contient avec peine, l'aspect de mille femmes aimables richement vêtues, et contrastant avec l'appareil militaire qui les environne, et plus que tout cela, Monsieur entièrement livré à la méditation, à la prière, sortant de ce pieux recueillement pour donner aux soldats un gage de l'amour du Roi pour en recevoir un de leur attachement aux Bourbons : quel ravissant spectacle ! Le 23.ᵉ régiment placera en premier ordre dans ses fastes cette cérémonie superbe.

Son Altesse Royale retourne à son palais ; les flots

de la population entière se pressent sur ses pas; les applaudissemens, les vœux l'accompagnent.

Cependant d'autres jouissances se préparoient. Une
seconde entrée solennelle de Monsieur par l'arc *Condé*,
devenu dans ce moment l'arc de Charles-Philippe,
après que ce prince auroit passé en revue dans le cours
du Parc sa garde et le 23.ᵉ régiment de ligne qui
venoit de recevoir le dépôt auquel ces braves ont juré
fidélité; cette entrée, dis-je, annoncée depuis le matin, mettoit toute la population en mouvement et la
tenoit dans une singulière impatience. Monsieur
vouloit bien avoir la bonté de monter à cheval pour
dédommager le public d'une privation qu'il savoit lui
avoir été pénible.

Dans l'intervalle, toutes les députations des corps
constitués et des communes avoient eu l'honneur d'être
présentées à S. A. R., et chacune d'elles pouvoit re-
porter à ses commettans des paroles de consolation,
d'amour et d'espoir, prononcées par le Prince. Il en
est une qui s'est fait remarquer par l'offrande qu'elle
a mise aux pieds du petit-fils d'Henri IV; c'est le
bourg de Fontaine-Française; ses représentans ont dé-
roulé le drapeau qui rappelle la bataille gagnée par le
grand Roi le 25 juin 1595, et qui mit fin aux fureurs
de la ligue.

Monsieur est sorti; il étoit à cheval. Alors tous les
vœux ont été remplis, il n'a pu échapper à la vue de
qui que ce soit. S. A. R. a daigné traverser la ville,
s'apprêtant à en faire le tour entier. Elle a parcouru un
espace considérable décoré avec autant d'élégance que
la belle rue qui avoit frappé ses premiers regards. Plusieurs édifices, embellis de festons de fleurs qui éton-
noient par leur variété agréable, prouvoient l'amour
extrême des habitans de cette partie de notre cité.

Monsieur, arrivé à l'arc de la porte Bourbon,
après avoir recueilli les preuves toujours croissantes
de la joie universelle, a mis le comble à la satisfaction
du peuple, par un de ces traits qui n'appartiennent
qu'aux Princes de sa famille. Une femme âgée et pa-
ralytique s'étoit fait conduire dans cet endroit pour
jouir du passage du Frère de Louis XVIII, de
Louis XVI; mais ses desirs étoient frustrés, la masse

des curieux formoit une importune barrière : S. A. R.
l'aperçoit, se détourne, s'avance vers elle, lui parle
avec bonté, reçoit son humble compliment, lui fait
espérer un meilleur sort, et la laisse heureuse et con-
fuse de s'être entretenue avec le plus affectueux des
Princes. Les cris, les applaudissemens de la multitude le récompensent d'une attention que l'historien de
sa vie n'oubliera pas.

Au Parc, mêmes élans, même enthousiasme, même
affluence, mêmes clameurs ! Cette garde bourgeoise,
dont le service avoit déjà obtenu de Monsieur des
marques d'une si rare estime, reçoit de nouveaux signes de sa bienveillance, et l'en remercie par des
démonstrations de fidélité et de zèle, que lui donnent
aussi les troupes de ligne auxquelles il accorde une
décoration que tout Français veut placer sur son cœur:
le lis, fleur de loyauté.

Le Prince avoit contenté le peuple, les grands,
les soldats ; mais sa libéralité n'avoit point encore
payé une dette qu'il ne croit jamais pouvoir acquitter;
il n'avoit point visité l'asile des pauvres, le séjour
de la douleur et de la misère. Il s'achemine vers l'hô-
pital général. Hommes sensibles et sages, qui ne trou-
vez bon de vous réjouir que dans les occasions où
l'humanité gagne quelque chose, où l'infortuné reçoit
des secours qui allègent ses souffrances et fortifient
son ame ; ce moment sera à vos yeux le plus beau
de ceux qui ont éternisé les quatre jours de bonheur
que je retrace aujourd'hui ?

Venez, accourez, vénérables et célestes créatures,
venez, accourez, vous qui bravez les dégoûts, les fatigues, la mort même, pour servir le malheureux et
l'infirme ; venez, un Prince généreux s'approche, il
va vous fournir les moyens de faire cesser bien des calamités : entourez-vous de ces orphelins que la charité
plaça sous votre maternelle surveillance, que vous avez
arrachés au vice, et que vous élevez dans le sentier des
vertus ; faites-vous précéder de ces vieillards dont vos
mains adoucissent les derniers momens ; groupez à vos
côtés ces convalescens que vous avez soustraits à la
mort qui les menaçoit, et que vous rendez à leurs
familles prêtes à périr avec leur chef : voilà le cortège

le plus attachant qui puisse frapper les yeux d'un DES-
CENDANT DE LOUIS IX.

Il entre : quoi ! la joie a pu pénétrer à sa suite
sous ces tristes lambris ? et le moribond, l'homme
qui n'a plus qu'un jour à vivre et à souffrir, demande
au ciel de protéger les jours DU ROI ET DE SA FA-
MILLE ! Mais une voix se fait entendre, sort-elle du
fond d'un sépulcre ? *Que je le contemple et que je
meure !* s'écrie, depuis son lit, une femme âgée de
quatre-vingt-dix ans. MONSIEUR vole à elle, entrouve
ses rideaux : *Ah ! mon Prince,* dit cette femme,
que je suis contente de vous voir ; ET MOI AUSSI,
répond L'ILLUSTRE VOYAGEUR ; *MAIS JE VOUDROIS
POUVOIR VOUS RENDRE A UN MEILLEUR ÉTAT.*

N'ajoutons aucune réflexion à ce tableau.

Enfin le PRINCE se présente à ce premier arc triomphal, où une indisposition causée par la lassitude d'une
course longue et accablante, par les scènes déchirantes qui
avoient frappé ses regards en Champagne, et par les
soins qu'il avoit prodigués à toutes les victimes de la
guerre, l'avoit empêché de se livrer à l'empressement du
peuple qui espéroit le voir paroître à découvert au
premier moment de son arrivée ; alors il ne déçoit plus
l'attente publique.

Il traverse une seconde fois cette rue *Condé* où
flotte de toutes parts l'Oriflamme français, que le lierre
verdoyant et champêtre orne d'un bout à l'autre, et que
de belles draperies parsemées de fleurs-de-lis d'or ta-
pissent jusqu'au Palais du Roi.

Qu'il est difficile à l'écrivain de varier les formes
du style, quand il doit toujours peindre les mêmes
images et raconter les mêmes faits ! Dire que les transports populaires ont été semblables à ceux qui la veille
avoient ému MONSIEUR jusqu'aux larmes, on le croira
sans peine.

Mais ce que je peux exprimer plus aisément, c'est
la douce confiance, c'est la commune approbation de
tous les citoyens à l'aspect des hommes qui entouroient
S. A. R. On applaudissoit à ces généraux que la vic-
ctoire a long-temps couronnés et qui se font un devoir
de se montrer aussi fidelles aux BOURBONS, qu'on les
a vus braves dans la longue carrière où ils se sont illus-
trés. On reconnoissoit aussi, avec attendrissement, ces

sujets vertueux qui ont tout sacrifié, tout perdu, *hors l'honneur*, pour le soutien de la monarchie et des descendans de Henri ! Nommer un Maillé, un Fitz-James, un la Roche-Aimon, un Noäilles, un Puy-Ségur, c'est rappeler tout ce que la noblesse française a de plus grand, tout ce que la fidélité a de plus héroïque ! Et quel plaisir pour les Bourguignons de distinguer près de MONSIEUR, un autre seigneur, dont le nom se trouve attaché, depuis huit cents ans, à toutes les époques fameuses ou fortunées de l'histoire de notre province ; on devine que je veux parler de M. le comte de Damas. Digne de ses ancêtres, digne d'un frère que toute l'Europe a admiré, il s'est entièrement dévoué à son Prince et à sa Patrie. Oublierons-nous M. le marquis de Virieu, M. le comte Wal, eux qui sont venus nous soutenir dans les momens difficiles, nous encourager quand le péril nous menaçoit, nous annoncer que MONSIEUR LE COMTE D'ARTOIS se jetoit dans les bras des fidelles Français, et nous faire promettre de le défendre jusqu'à la mort. Avec de tels hommes, le royaume a l'assurance du repos et du bonheur.

Le soir, un souper magnifique a précédé de quelques heures un bal où MONSIEUR a su encore augmenter la vivacité des sentimens qu'il nous avoit inspirés. Mais avant de raconter ce qui s'est passé à ces deux dernières époques de la journée du 14, je veux m'arrêter sur un événement qui a dû accroître l'étonnement et la joie de tous les Dijonnais. Soudain le bruit a circulé que S. A. S. MONSEIGNEUR LE DUC D'ORLÉANS venoit d'arriver dans notre ville. *Tant mieux !* s'est-on écrié avec l'effusion du cœur, *c'est un* BOURBON de plus ! Bientôt le PRINCE s'est avancé sur le balcon du Palais, accompagné de MONSIEUR, et les cris des spectateurs leur ont prouvé combien les Français sont heureux quand ils voient réunis les membres de la Maison qui les gouverne.

A ce repas d'appareil, comme à ceux qui l'ont suivi, S. A. R. a daigné admettre près de sa personne d'anciens Magistrats, le lustre de la Robe et le modèle des sujets dévoués (1). Cette flatteuse distinction

---

(1) MM. de Grosbois et de Bévy, *antiqui Senatûs nobilia reliquia.*

doit nous faire entrevoir le retour des beaux temps de la justice.

Pendant le souper, une illumination, vraiment magique, a transformé les arcades de la Place Royale et les belles colonnes du *Logis-du-Roi* en un océan de feu. Toute l'architecture se dessinoit avec un éclat éblouissant : c'étoit le palais d'Armide. Quatre fontaines de vin sourdoient de la gueule de quatre lions égyptiens placés aux angles de l'obélisque et jaillissoient au loin. Deux orchestres appeloient à la danse le peuple bien disposé à profiter de cette bruyante invitation. Les habitans ont, comme la veille, chargé de lampions la façade de leur domicile. Enfin le bal a commencé. (1) Qui ne voudroit avoir le secret de pénétrer dans la pensée de toutes les Beautés qui le composoient? je ne sais si je suis dans l'erreur, mais chacune d'elles avoit l'air de désirer de fixer plus particulièrement les regards du Chevalier courtois, pour qui se donnoit la fête ; et ce souhait étoit dans l'ordre. La bonté, l'amabilité du Prince l'ont en quelque sorte satisfait. Il est peu de ces Dames à qui Monsieur n'ait adressé la parole, à qui il n'ait dit des choses flatteuses, spirituelles; et quand il s'est retiré, l'impression qu'il avoit faite sur tout le monde étoit si délicieuse, qu'on croyoit le voir et l'entendre encore.

La journée suivante n'a point offert autant de jouissances que les autres dans son commencement. Monsieur étoit parti pour Auxonne ; Monseigneur le Duc d'Orléans avoit également quitté la ville pour aller au-devant de son épouse indisposée, et les heures couloient avec tristesse en attendant le retour de ces augustes personnages. Leur arrivée a ramené le plaisir qui sembloit nous avoir abandonné. S. A. R. s'est empressée d'aller rendre une visite à la Fille de Ferdinand, à la Petite-Fille de Philippe V, et lui a prodigué tous les témoignages de l'amitié la plus tendre. Remercions les Princes qui donnent l'exemple des vertus de famille !

---

(2) Avant son ouverture, on a chanté une cantate, paroles de M. Couturier, musique de M. Travisini. Le Prince a paru y prêter une agréable attention.

Mais une scène dont je dois rendre compte , et qui est au-dessus de mon foible pinceau , se préparoit depuis le matin , et nous nous disposions à en jouir avec ravissement. On savoit que LES PRINCES, condescendant à nos vœux, avoient promis d'assister à la comédie. Cette nouvelle avoit suffi pour faire assiéger les portes de la salle. Dans un instant toutes les loges furent remplies, toutes les avenues qui conduisoient au spectacle , encombrées par la foule, et toutes les fenêtres garnies de spectateurs.

On donnoit *OEdipe à Colonne*, et le *Meûnier de Lieursaint*. On se rappeloit combien la capitale avoit saisi d'allusions dans la première de ces pièces, et l'on n'ignoroit pas que le ROI y avoit pleuré au milieu de ses enfans.

Au théâtre , un Roi malheureux , une fille , la gloire de son sexe , un Prince hospitalier et vengeur de la Majesté royale insultée , forment toujours un tableau capable d'exciter à un haut degré la sensibilité des hommes réunis. Mais quand ce sujet fantastique se trouve réalisé ; quand on a devant les yeux d'illustres jouets de la destinée , de cette fatalité qui n'épargne point les fronts ceints du diadême ; quand la situation imaginée par le poëte rappelle aux spectateurs des souvenirs cruels , qui sont en opposition avec le bonheur présent ; quand toutes les infortunes et du peuple et de ses chefs , parvenues au dernier terme , sont changées en plaisir, et que le passé ne paroît qu'un rêve douloureux qui ne doit plus se renouveler ; quand on peut déjà le regarder comme un événement historique que nos descendans traiteront de récit fabuleux ; on se prête alors avec une volupté de sentimens, facile à concevoir, aux applications qui, en retraçant des peines éloignées, font mieux goûter la félicité que dans le moment nous partageons tous avec les célèbres victimes échappées aux rigueurs du sort.

Telle est l'impression enchanteresse que la représentation d'OEdipe a faite sur tous les assistans. Qu'il est doux d'être Prince et Prince aimé pour recevoir de pareils témoignages de l'intérêt général ! J'en appelle aux personnes assez favorisées pour avoir trouvé place au spectacle ? Ont-elles , dans le cours de leur existence,

(19)

été agitées par des sensations plus vives, plus entraînantes, plus délicieuses, plus multipliées et plus continuelles ? Qu'elles se souviennent de l'apparition de MONSIEUR, accompagné de MONSEIGNEUR LE DUC D'ORLÉANS, de l'air chéri : *Vive Henri IV !* de celui, non moins propre à la circonstance, *Où peut-on être mieux !* Oui, oui, un bon monarque est bien au milieu de sa famille ; mais aussi, que la grande famille est bien, lorsqu'elle revoit ses *Princes légitimes* au milieu d'elle ! Rappelons-nous l'ariette : *Du malheur auguste Victime !* Comme chacun de nous vouloit apprendre aux BOURBONS qu'il étoit étranger aux maux qui les ont accablés si long-temps. Et ANTIGONE ! elle a reçu les hommages dus au dévouement, à la piété filiale. Pourquoi n'a-t-elle pas aperçu ce délire de nos cœurs ! Mais son auguste père lui reportera notre amour, notre admiration, et cédant à nos pressantes instances, peut-être viendra-t-elle plutôt qu'elle ne l'avoit résolu, nous faire admirer l'assemblage des vertus les plus sublimes.

Nous n'oublierons pas la Cantate en l'honneur du ROI (1). Nous avons vu, nous avons ouï les PRINCES,

----

(1) Cette pièce de poésie a été composée par M. Henri Dillon. On l'a entendue pour la première fois, à l'époque fortunée du retour du Roi en France ; souvent elle a été reproduite sur notre scène, et toujours avec un grand avantage. Honneur à l'écrivain qui fait servir ses talens à électriser l'opinion publique, et à la diriger vers un but salutaire.

J'ai ajouté à cette cantate quelques couplets, que le moment exigeoit. Lorsque l'acteur a chanté celui-ci, qui a été répété deux fois, ainsi que les autres.

> Mais pénible départ ! ô Prince qu'on adore,
> Nos cœurs voudroient ici toujours te retenir !
> Ha ! loin de nos foyers nous te verrons encore :
> Ta vertu laisse en nous un tendre souvenir !

Tous les yeux sont devenus humides, les sanglots se sont multipliés, plusieurs personnes se sont écriées : *nous y penserons toujours.* Le Prince dont l'émotion ne pouvoit pas se dissimuler, a porté la main sur son cœur, en nous indiquant que les Dijonnais y auroient constamment une place de prédilection. J'avoue qu'ils la méritent.

Je suis heureux d'avoir été l'interprète des sentimens de mes concitoyens, il n'y a point d'immodestie à se trouver honoré d'unir son nom à de telles circonstances.

en fidelles sujets , chanter ce refrain que nous souhaitons que la France répète pendant un siècle , *Vive Louis XVIII* ! Disons plus , des larmes ont coulé de leurs yeux ; certes , ce n'étoit point un signe de douleur.

Peut-on entendre sur la scène parler d'Henri IV , sans adresser à ses descendans les louanges décernées à la bonté du *Navarrois ? Le Meûnier de Lieursain,* qui veut que *toutes choses soient remises à leurs places,* a servi à développer encore une fois l'enthousiasme des Bourguignons. Quels cris ! quels trépignemens ! quels gestes ! quel abandon général ! ici l'ame toute entière se livroit au bonheur. Et de la part des Princes, quelles démonstrations de reconnoissance !

Une jeune actrice (1) , dont la figure douce et sentimentale , le jeu vrai et ingénu , le maintien modeste et décent , ont fait excuser une démarche , peut-être un peu hardie , a osé présenter à Son Altesse Royale une couronne de lis , dans laquelle on voyoit un papier placé artistement (2). Il est difficile de mettre plus de grâce et plus de noble humilité qu'elle en a montré dans cette offrande. Le Prince daignant ne point trouver mauvaise une liberté qui a dû lui paroître nouvelle , a reçu avec une bienveillance rare un hommage accompagné de tout le charme possible ; et le public , admirant la bonté de Monsieur , a redoublé ses applaudissemens. Une couronne de lys ! oui , c'est la couronne des Bourbons ! cette fleur est illustre , majestueuse , elle peint la pureté des affections ! Oui encore une fois , c'est la couronne des Princes pères de leurs peuples.

Ha ! cette représentation restera gravée en traits de feu dans notre mémoire !

Avouons-le pour la gloire des Dames ; si le peuple de notre ville a fait bruire dans toutes les rues , dans tous les instans une égale et constante ivresse ; au spectacle , les femmes ont eu l'honneur de l'emporter sur chacun de nous. Comme elles ont secondé nos intentions!

---

(1) Mademoiselle Pulchérie Béquet.
(2) Ce papier contenoit la musique de la cantate en l'honneur de Louis dix-huit , dédiée à Son Altesse Royale , par M. D'Avril.

je le répète sans jalousie, elles nous ont surpassé. Utile exaltation ! les mères apprendront à leurs enfans à aimer, à respecter des maîtres dignes de notre vénération et de notre attachement, et la France verra croître une génération plus sage que celle qui va s'éteindre.

Avec quel enchantement je m'arrête sur ces souvenirs ! je ne finirois pas si je voulois ne rien omettre. Mais je ne peux passer sous silence le beau moment où un acteur ingénieux a porté la santé de Son Altesse Royale ; *qu'il vive, qu'il vive éternellement !* ont répété deux mille spectateurs, et ce souhait s'est prolongé pendant plus de dix minutes. Les mêmes éclats ont recommencé en l'honneur de Monseigneur le Duc d'Orléans.

Une troisième illumination a terminé cette journée et a permis de contempler pendant quelques instans de plus ces Princes, objets de notre affection.

Cependant il a fallu se préparer à une séparation pénible. Monsieur, avant son départ, a répandu des dons nombreux ; il a distribué à des Officiers supérieurs, à d'anciens militaires, à des émigrés, la croix de Saint-Louis, noble récompense des services et des pertes ; celle de la Légion d'honneur à beaucoup d'Officiers qui l'avoient gagnée au péril de leur vie, à des Ecclésiastiques recommandables, à des Magistrats, à M. le Préfet, dont l'administration mérite de si justes éloges, à M. le Sous-Préfet, dont le zèle est connu, à trois membres de la Commission départementale provisoire, qui pendant le séjour des alliés a tout fait pour tempérer la rigueur des circonstances, à l'habile Médecin qui l'avoit soigné à son arrivée, et en lui accordant cette grâce, il a acquitté la dette de la reconnoissance publique, au Colonel de la Garde nationale, dont les soins ont organisé la Garde d'honneur ; le Prince a daigné accueillir la demande de cette Compagnie, et lui a permis de porter sa couleur ; les Pompiers, si utiles à la sureté commune, ont partagé cette faveur ; enfin, les mains généreuses de Monsieur ont répandu par-tout des bienfaits, et les artistes n'ont point été négligés dans ces actes de munificence.

Son Altesse Royale s'est souvenue que M. le Maire, déjà décoré de l'ordre de la Légion d'honneur et

du lis, avoit lutté avec courage, dans un temps ora-
geux, pour les intérêts de la ville, qu'il a supporté
de grandes fatigues pendant le séjour des alliés, et
que dans les fêtes données en ces derniers jours, il a
déployé beaucoup d'activité et d'intelligence; ce Prince
lui a permis de porter son chiffre brodé en or, sur
un ruban vert : il est peu de décorations préférables à
celle-ci.

Hélas ! à dix heures du matin, nos illustres hôtes
étoient déjà loin de nous ! S. A. R. Mg^r. LE DUC
D'ORLÉANS a quitté Dijon, salué par la population
entière, et MONSIEUR LE COMTE D'ARTOIS n'a point
tardé à nous abandonner aussi.

Adieu ! Prince, adieu ! vous emportez nos regrets,
mais vous nous laissez un souvenir ineffaçable. Vous
avez offert à nos yeux le vrai chevalier Français; vous
avez retrempé notre caractère ; vous avez rappelé
parmi nous la bonté que je ne sais quelle fausse gran-
deur regardoit comme incompatible avec la naissance,
la dignité et le pouvoir. Qui oseroit affecter une fierté
insolente après avoir vu le petit-fils de Louis XIV,
affable, indulgent, familier, populaire? Adieu! Qu'elles
sont heureuses les villes où vous allez porter ce re-
gard doux et paternel, ce sourire si naturel, si franc,
qui vous gagnent tous les cœurs! elles ouïront sortir
de votre bouche des paroles qu'elles n'étoient plus ac-
coutumées à entendre depuis que l'ambition, l'orgueil,
l'injustice avoient remplacé la bienfaisance, l'humanité, la modération, l'équité sur le trône. Qu'elles sont
heureuses! Adieu! mais revenez bientôt dans nos murs,
vous nous l'avez promis.

Si le devoir vous empêche de remplir cet engage-
ment bien précieux pour notre ville, envoyez-nous vos
augustes fils, ils nous trouveront occupés à raconter
les scènes touchantes qu'a fait naître ici votre séjour à
jamais mémorable ; envoyez-nous encore ces Princes,
ces CONDÉ que la Bourgogne est habituée à chérir; ils
reconnoîtront des enfans qui les ont toujours réclamés.

Il est un autre souhait dont l'accomplissement met-
troit le comble à notre bonheur.... ; mais ne formai-je
pas un désir indiscret? Quand le pilote est au gou-

vernail, il faut bien se garder de le distraire des soins auxquels est attaché le destin de tout l'équipage.

Qui de nous n'a point été forcé quelquefois de s'arracher à un père, à un frère, à un ami ? Plus les derniers momens avoient été consacrés à l'épanchement d'une mutuelle tendresse, plus l'absence causoit un vide insupportable : telle a été notre situation, après que nous avons perdu de vue le Prince que nous désirions retenir près de nous.

La foule morne et silencieuse est retournée tristement à ses occupations ordinaires; mais en passant devant ce balcon où s'est établie si souvent une admirable communication entre le peuple et le Frère de son Maître, elle a poussé ce cri auquel il répondoit avec tant de complaisance, comme si elle eût pensé qu'il pouvoit en être frappé au milieu de la route qu'il parcouroit.

Cependant tout n'étoit pas fini pour la garde bourgeoise; pressée par des sensations et des souvenirs récens, elle s'est promenée par la ville, en criant, *vive le Roi! vive Monsieur!* et du fond de chaque maison tous les citoyens répétoient ces mots sacrés; il sembloit qu'on voulût prouver que nos Princes n'avoient pas besoin d'être présens pour qu'on s'occupât d'eux. Au milieu d'un grand repas que les gardes d'honneur ont donné à leurs chefs, dont ils avoient tous à se louer, un message de Son Altesse Royale les a récompensés dignement de leur fidélité, de leurs dépenses et de leur service.

Après avoir traversé un chemin jonché de fleurs, reçu les félicitations sincères des habitans de la campagne, sous des arcs de verdure, élevés par les mains des cultivateurs, de ces hommes utiles et respectables, que les descendans de Henri IV ont toujours protégés, Monsieur a daigné envoyer deux de ses gentilshommes pour remercier les Dijonnais d'un accueil auquel il attache le plus grand prix.

Cette gracieuse attention du Prince, annoncée avec pompe, a de nouveau excité la joie publique; et le bruit du canon s'est mêlé aux acclamations de la multitude.

Voilà comme ont passé, comme ont fini quatre jours,

pendant lesquels plus de trente mille personnes réunies sur un même point, n'ont donné lieu à aucune rixe, n'ont occasionné aucun accident : pouvoit-il s'élever une seule querelle particulière, quand tous les cœurs étoient remplis d'un même sentiment, quand tout n'étoit qu'amour, joie, espérance et félicité?

Voilà ce que j'ai *vu*, ce que mon ame a éprouvé ; un autre pourra le narrer avec plus de talent, je l'y invite, mais non point avec plus de jouissance.

Nota. Ce récit ne comportoit pas que j'entrasse dans des détails, sans doute fort intéressans, mais qui auroient ralenti la marche du style ; j'ai voulu faire un tableau et non une gazette : pour réparer des omissions qu'on me reprocheroit avec raison, je ferai paroître incessamment, en forme de notes, l'historique des plus petites circonstances qui ont accompagné ces fêtes devenues pour Dijon un de ses principaux titres de gloire. J'y ferai mention des discours prononcés devant S. A. R., des réponses de ce Prince, des paroles pleines de bonté qu'il a adressées à quelques hommes publics et à plusieurs particuliers, des complimens flatteurs qu'il a faits à des dames, des actes de justice ou de bienfaisance qui ont signalé son passage ; je décrirai les emblêmes les plus ingénieux qui s'offroient aux regards dans différens quartiers de la ville ; je rapporterai les vers, les sentences, les devises qui méritent d'être conservés ; j'imprimerai les noms de toutes les personnes qui ont obtenu des décorations, et ceux de tous les bourgeois qui composoient la garde d'honneur. Trois gravures au trait, jointes à ces notes, donneront des réjouissances, une idée plus exacte que le discours le plus ample. Cette fête devant parvenir à la connoissance de la postérité, le burin et la plume uniront leurs efforts pour en transmettre dignement la relation à nos neveux.

Un léger précis des principales réjouissances faites à Dijon, depuis deux cents ans, pour la naissance, les mariages, ou l'entrée des Princes, sera placé en tête de ces notes, et ajoutera à l'intérêt de ce petit ouvrage.

Le dimanche 2 octobre, MM. les Officiers du 23.e régiment de ligne, en garnison à Dijon, ont rendu un repas aux Officiers de la garde nationale de cette ville. Les cris de *Vive le Roi !* s'y sont fait entendre avec un rare enthousiasme.

Je me trouve heureux d'avoir pu coopérer à l'agrément de cette réunion.

MM. les Officiers du 23.e ont bien voulu employer mon foible talent pour exprimer l'amour et la fidélité qu'ils ont voués à la maison de BOURBON.

Je ne rapporte ici les vers que la circonstance m'a inspirés, qu'afin de montrer le bon esprit qui anime ce régiment et la garde dijonnaise, lesquels ont retrouvé dans mes expressions le zèle dont leur cœur est rempli.

Au bas du buste de HENRI IV on lisoit :

En voyant de HENRI les respectables traits ,
Montrons pour ses vertus notre reconnoissance ;
Il apprit aux BOURBONS que c'est par les bienfaits
Qu'un prince s'affermit au trône de la France.

Plusieurs médaillons suspendus autour de la salle, et placés chacun entre deux drapeaux ornés de l'écu fleurdelisé, portoient des devises analogues à l'objet de la fête. Les portraits du Roi, de Monsieur, de Leurs Altesses Royales, Messeigneurs les ducs D'ANGOULÊME et de BERRY électrisoient toutes les ames.

À la fin du dîner, un capitaine a chanté les couplets suivans, dont le refrain a été répété en chœur.

Air : *De la sentinelle.*

Vive le Roi ! le Roi ! comme ce nom,
Ce cri fameux est vraiment plein de charmes !
Aimer LOUIS et servir un BOURBON,
Ajoute encore à l'éclat de nos armes.
  Pour un soldat , pour un Français ,
  Voici la devise chérie ;
  Jurons de n'y manquer jamais : · · · · *bis.*
  C'est Dieu , le Prince et la Patrie ,
       et la Patrie.

Vive le Roi ! d'Henri le successeur,
Veut rendre heureux les peuples qu'il commande ,
Ha ! secondons le projet de son cœur,

Un noble accord est tout ce qu'il demande.
      Pour un soldat, pour un Français, etc.

Vive le Roi ! nous lui devons la paix,
Pour le fêter l'amitié nous rassemble,
Nous reposons : et grâce à ses bienfaits,
Mars et Thémis enfin vivent ensemble.
      Pour un soldat, pour un Français, etc.

Vive le Roi ! j'en atteste l'honneur :
S'il lui falloit mon bras, mon existence,
J'irois soudain au champ de la valeur,
Chercher la mort et braver la souffrance.
      Pour un soldat, pour un Français, etc.

Un second Officier a fait entendre cette autre chanson ;

Air : *Quoi ! pour toujours à ma maîtresse.*

Je veux aussi chanter mon Prince,
Je veux chanter notre bonheur :
Le peuple, dans chaque province,
Fait entendre ce cri d'honneur :
» Pour nous il n'est plus de souffrance,
» Plus de discorde, et jamais plus d'effroi :
» Vive Louis ! vive ! vive le Roi !
» C'est l'unique vœu de la France.

Quand un soldat couvert de gloire,
Est fatigué par cent travaux ;
Il veut, négligeant la victoire,
Goûter enfin quelque repos.
» Pour nous il n'est plus de souffrance,
» Plus de discorde, etc.

Notre bon Roi par sa prudence,
Avec franchise je le dis,
Apprend aux fils de la vaillance
Que la douce paix a son prix.
» Pour nous il n'est plus de souffrance,
» Plus de discorde, etc.

Cependant en guerre nouvelle,
S'il faut au Prince notre appui,
Il jugera de notre zèle ;
Comme nous nous battrons pour lui !
» Mais non, plus jamais de souffrance,
» Plus de discorde, et jamais plus d'effroi :
» Vive la paix ! vive ! vive le Roi !
» C'est l'unique vœu de la France.

J'aurois désiré mieux faire, j'eusse rendu plus exac-
tement ce qu'éprouvoient MM. les Officiers et les Soldats du 23.ᵉ régiment de ligne.

La poésie a donc son utilité politique, puisqu'elle
sert à peindre les sentimens des braves, des héros,
pour le Monarque et la Patrie. L'épée et la lyre se
sont toujours bien trouvées de vivre ensemble.

A DIJON, DE L'IMPRIMERIE DE FRANTIN. 1814.